AF234445

Ire LISTE

OFFICIELLE

DES ÉTRANGERS

INSTALLÉS A MENTON

POUR Y PASSER

LA SAISON D'HIVER 1863 — 1864

PUBLIÉE PAR

JEAN GIORDAN, LIBRAIRE,

Rue Saint-Michel,

A MENTON.

NICE, TYP. CANIS, IMPRIMEUR DE LA PRÉFECTURE. 1863.

MENTON

(ALPES-MARITIMES).

HIVER 1863 — 1864.

ALLEMANDS.

M. Bock Henry et famille.	*Villa Vial.*
M. Luckcmeyer et famille.	*Villa H. Pretty.*
M. Lobenstein Hugo.	*Pension Anglaise.*
M. Kochler Charles, peintre.	*Hôtel Paradis.*
M. Knnow Edouard, docteur médecin.	*Hôtel Paradis.*
M. Securius Charles.	*Hôtel de l'Europe.*
M. Guhraner et famille.	*Pension Anglaise.*
M. Albers et famille.	*Hôtel de Londres.*
M. Mezzenich Charles et famille.	*Hôtel Paradis.*
Mme la baronne de Gaertener et famil.	*Pension Anglaise.*
Mlle la baronne de Maltzahm.	*Pension Anglaise.*
M. Muller Engelbert.	*Pension Anglaise.*
M. Versphalem Charles.	*Pension Anglaise.*
M. Borrell A.	*Pension Camous.*
M. Stöcker J.	*Pension Anglaise.*
M. Melke Gustave et famille.	*Iles Britanniques.*
M. Eltester Carl.	*Pension Anglaise.*
M. Koehl.	*Hôtel Paradis.*
M. Mertens et famille.	*Hôtel Paradis.*
M. King B.	*Hôtel Paradis.*
M. Siebeth E.	*Hôtel Paradis.*
M. Vendhausen W.	*Hôtel Paradis.*
M. Watzen H. et famille.	*Hôtel Paradis.*
M. Mantey.	*Pension Camous.*
M. Potizyniski.	*Pension Camous.*
Mme de Pritzevitz et famille.	*Iles Britanniques.*

M. Simon II.	*Hôtel Paradis.*
M. Trombetta G.	*Hôtel de la Grande-Bretagne.*
M. Scipio J.	*Hôtel Paradis.*
M. Scipio A.	*Hôtel Paradis.*
M. Reiss.	*Hôtel Paradis.*
M. Walker et famille.	*Hôtel de la Grande-Bretagne.*
M. Koenig et famille.	*Iles Britanniques.*
M. Schultz et famille.	*Iles Britanniques.*
M. Papemeltz.	*Iles Britanniques.*
M. Schnitzopahun.	*Iles Britanniques.*
M. Consbruch Théodore et famille.	*Villa Caponi.*
M. Strege-Egbert.	*Pension Anglaise.*
M. Lehmann II. et famille.	*Hôtel Paradis.*
M. Buxtorf.	*Pension Anglaise.*
M. Fraenkell.	*Hôtel de la Grande-Bretagne.*
M. Blankenhorme.	*Hôtel de la Grande-Bretagne.*
Mme la comtesse Enlenburg et famille.	*Iles Britanniques.*
Mlle de Rotkirch.	*Iles Britanniques.*
M. Bachmann.	*Hôtel de Londres.*
M. Strahl Félix.	*Pension Camous.*
M. Rotosky Robert.	*Pension Camous.*
M. Munck.	*Pension Camous.*
M. Siordei G. et famille.	*Grand Hôtel de la Paix.*

AMÉRICAINS.

M. Merle-d'Aubigné.	*Hôtel Paradis.*
M. Samson A. G.	*Pension Anglaise.*
M. Romanes Jones.	*Pension Danoise.*
M. Brewster et famille.	*Pension Anglaise.*
M. Mauduer Joseph.	*Iles Britanniques.*
M. Sanos et famille.	*Grand hôtel d'Angleterre.*
M. Wasson et famille.	*Grand hôtel d'Angleterre.*

ANGLAIS.

M. le docteur Siordet et famille.	*Villa Pretty.*
Mlles O'Hea.	*Maison Fontana.*
Miss Stafford et suite.	*Maison Henocq.*
M. Henery et famille.	*Villa Bellevue.*
M. Newland et famille.	*Maison Anfonso.*

M. Morgan (chaplain) et famille.	*Les Oliviers.*
M. Freeman et famille.	*Villa d'Adehmar.*
M. Pierce et famille.	*Pavillon Miramar.*
M. Baines (Révérend) et famille.	*Les Oliviers.*
M. Bell et famille.	*Pension Anglaise.*
M. Thickins W. et famille.	*Villa Carles.*
M. Bradshaw-Tsherwood et famille.	*Villa d'Adhemar.*
M. le docteur Price et famille.	*Villa Faraldo.*
M. King R. L. et famille.	*Villa Massa.*
M. Wilson Samuel.	*Pension Anglaise.*
Mlle Sparks et suite.	*Pension Anglaise.*
M. Reed et famille.	*Hôtel Paradis.*
M. Witherby et famille.	*Villa Massa.*
M. Mariott et famille.	*Villa Vial.*
Mlles Orred.	*Villa Helvetia.*
M. le docteur Capper et famille.	*Villa Helvetia.*
M. Macwhiney W. John et famille.	*Pension Danoise.*
M. Borroughs et famille.	*Pension Danoise.*
Mme Usborne.	*Villa Usborne.*
M. Balfour et famille.	*Pension Anglaise.*
M. Moggridge et famille.	*Iles Britanniques.*
M. Reed John.	*Hôtel Paradis.*
M. Waterhouse.	*Villa Helvetia.*
Mlle Campbell et suite.	*Maison Vial.*
M. Tyler et famille.	*Villa Massa.*
M. Montefiore et famille.	*Pension Anglaise.*
Mlle Davenhill.	*Pension Anglaise.*
Mlle Stephens.	*Pension Anglaise.*
Mlles Raikes et suite.	*Pension Danoise.*
Mlle Miles.	*Pension Anglaise.*
M. Gordon et famille.	*Iles Britanniques.*
Mme la baronne Windsor et suite.	*Villa des Palmiers.*
M. Jetter (Révérend) et famille.	*Maison Gastaldi.*
Mlles Jarborough et famille.	*Maison Gastaldi.*
M. le docteur Bennet.	*Pension Anglaise.*
M. Worall et famille.	*Pension Anglaise.*
Mlles Davies et famille.	*Pension Anglaise.*
Mlle Robinson et suite.	*Pension Anglaise.*
Mlle Malden Francis et suite.	*Pension Anglaise.*
Mlle Malden Agnès.	*Pension Anglaise.*
M. Sneyd et famille.	*Pavillon Maraldi.*

Mlle Palmers et suite.	Villa Farina.
M. Cropp et famille.	Pension Anglaise.
Mlle Weber et famille.	Villa Clericy.
M. Wright, famille et suite.	Les Oliviers.
M. Crafton-Smith et famille.	Pension Anglaise.
M. Grieve J.	Iles Britanniques.
M. Samuel T. et famille.	Iles Britanniques.
M. Durhan et famille.	Villa Faraldo.
M. le major Frith-Cocayne et famille.	Villa J. Amarante.
M. Richardson et famille.	Grand hôtel du Louvre.
M. Thurlow Edouard et famille.	Iles Britanniques.
M. Forsayth.	Hôtel de Londres.
Mlles Fitton.	Hôtel de la Grande-Bretagne.
M. Ross King W. et famille.	Hôtel de Turin.
M. le comte de Howt et famille.	Hôtel de Londres.
Mlle Colville, famille et suite.	Villa Massa.
M. Davidson et famille.	Pension Anglaise.
Mlle Murdoch.	Pension Anglaise.
M. Parr et famille.	Maison Vial.
Lady Brown et suite.	Hôtel de Londres.
Lady Lorwant et suite.	Hôtel de Londres.
M. Merten, banquier et suite.	Hôtel de Turin.
M. Le Hardy (Révérend).	Pension Anglaise.
Mlle Clarke.	Pension Anglaise.
M. Sidebothom, (Révérend).	Grande-Bretagne.
M. Munro, Robert.	Grande-Bretagne.
M. Munro, John.	Grande-Bretagne.
M. Barnard, son fils et suite.	Villa Porte-Joie.
M. Holford, W.	Pension Anglaise.
M. Starten et famille.	Maison Barralis
M. Scott Murray, famille et suite.	Maison Rostagni.
M. Evans Édouard, (Révérend).	Maison Willoughby.
Mme Speirs.	Villa Imberti.
Mlle Cunningham.	Villa Imberti.
M. Collet John et famille.	Maison Marenco.
M. Lucas, famille et suite.	Villa des Palmiers.
Mme Stevenson et suite.	Hôtel de Londres.
Mlle Warden.	Hôtel de Londres.
Mme Fosters et suite.	Pension Anglaise.
M. Berley C. H.	Grande-Bretagne.
M. Berley.	Grande-Bretagne.

Mlle Berley.	Grande-Bretagne.
M. Bean H. V.	Pension Anglaise
M. Kinnaird Olina.	Hôtel de Turin.
M. March Philipp et famille.	Villa Bosano.
Mlle Mouat.	Grand Hôtel de la Paix.
M. Larin et famille.	Grand Hôtel de la Paix.
M. Haugton.	Pension Anglaise.
M. Ellis et famille.	Pension Staford.
Mlle D'Arcy.	Pension Staford.
M. Attree.	Pension Staford.
M. Campbell.	Pension Staford.
M. Physech R.	Pension Staford.
M. Physech H.	Pension Staford.
M. Wollace et famille.	Les Grottes.
M. Stratfield et famille.	Maison Marenco.
M. Watson James (Révérend).	Pension Danoise
M. Diggle et famille.	Pension Danoise.
M. Bayley, famille et suite.	Grand Hôtel d'Angleterre.
M. Durby, famille et suite.	Grand Hôtel d'Angleterre.
M. Howley, famille et suite.	Grand Hôtel d'Angleterre.
Mlle Dick Cuningham.	Grand Hôtel d'Angleterre.
Mme Dalglish Graut et sa fille.	Grand Hôtel d'Angleterre.

AUTRICHIENS.

M. Loeweinstein Adolphe.	Hôtel de Londres.

BELGES.

Mlles De Witte et suite.	Maison Gastaldi.

FRANÇAIS.

Mme de Champagny.	Maison Gastaldi.
Mme Tourrel de Lonchamp et famille.	Villa Longchamp.
Mme Michaud Belleaire et famille.	Maison Gena.
M. Guillon, peintre paysagiste.	Maison Barralis.
M. Mouchot, id.	Maison Barralis.
M. Delapierre, past^r. vaudois et fam.	Maison Basté.
M. Courtois.	Hôtel de la Grande-Bretagne.
M. Augier, famille et suite.	Villa Reydort.
Mme Colin.	Villa Reydort.
Mme Pelletan.	Maison Lorenzi.

M. le doct. Bonnet de Malherbe et f.   *Maison Trenca.*
Mme Reydort et famille.   *Villa Reydort.*
M. Lecomte Eugène et famille.   *Maison Gastaldi.*
M. Raunheim Émile et famille.   *Pension Camous.*
M. De Laurencel et famille.   *Villa d'Alberti.*
M. le b^{on}. De La Prade et famille.   *Maison Gastaldi.*
M. Mauger et famille.   *Grand Hôtel d'Angleterre.*
M. Fouet et famille.   *Maison Gastaldi.*
M. Hervey.   *Maison Gastaldi*
M. Lacaud.   *Maison Gastaldi.*
M. Sigrist E.   *Pension Camous*
M. Oulmann et famille, banquier.   *Villa Boorn-Aba.*
M. Aubin et famille.   *Villa des Rosiers*
M. Deslandres et famille.   *Villa H. de Monléon.*
M. Borniche et famille.   *Hôtel de Turin.*
M. Chuet et famille.   *Grand Hôtel du Louvre.*
M. Chomet et famille.   *Maison Basté.*
Mme Bacquart.   *Maison Lorenzi.*
Mme veuve Toury.   *Maison Lorenzi.*
M. Arnaud.   *Pension Anglaise.*
M. Burel F.   *Grande Bretagne.*
Mlle Stricker.   *Hôtel Paradis.*
M. Brenner.   *Hôtel Paradis.*
M. Jomard Édouard.   *Hôtel de Turin.*
Mlle Schoen Julie et suite.   *Villa Helvetia.*
M. Germain et famille.   *Villa V. Amarante.*
Mme Gabriel.   *Maison Merero.*
Mme Clément et famille.   *Maison Palmaro.*
Mme Falsan Charreton.   *Maison Palmaro.*
Mme De Cotense et famille.   *Villa Palmaro.*
M. De Montbrun et famille.   *Villa La Coupe.*
M. Claye et famille.   *Villa St-Benoit.*
M. Casis.   *Hôtel de la Grande-Bretagne.*
M. Boucheton Ch. V.   *Hôtel de Londres.*
M. Boucher A.   *Hôtel de Londres.*
Mlle Montégut.   *Pension Anglaise.*
M. Pommier et famille.   *Villa Parodi.*
M. l'abbé Meynal, chapel. de Ste Gene-
viève de Paris.   *Maison Massa.*
M. Verdier et famille.   *Villa Joseph Amarante.*
M. De La Coste, ancien préfet, et fam.   *Villa l'Urbana.*

M. LARNAC, anc. pair de France et fam.   *Villa l'Urbana.*
M. et Mme DE VILLOQUIER (comte).   *Grand hôtel d'Angleterre.*
M. FAMIN Ch. et famille.   *Maison de Bréa.*
Mlle STEINER E. J.   *Maison Raibaud.*
Mme BARY et son fils.   *Maison Gastaldi.*
M. BERGIS et sa mère.   *Hôtel de Turin.*

HOLLANDAIS.

M. le major MOSSELMANNS et famille.   *Hôtel Paradis.*
M. SANDUSON.   *Pension Anglaise.*
M. SANDERSON.   *Grand Hôtel du Louvre.*

ITALIENS.

M. FORNIAMENTI et famille.   *Restaurant Guiol.*
M. SCARPARI En.   *Maison Massa.*

POLONAIS.

M. MACHIEWICH et famille.   *Pavillon Henocq.*
M. RUCZ et famille.   *Iles Britanniques.*
M. BOERKOUSKY et famille.   *Iles Britanniques.*
M. KLUG.   *Maison Gastaldi.*
Mme la comtesse CZAPSKA.   *Maison Gastaldi.*

RUSSES.

M. JOURASOFF Nicolas, peintre.   *Maison Massa.*
M. ERASSI Michel, peintre.   *Hôtel de France.*
M. PRESLAWSKI Constantin.   *Hôtel de France.*
M. LAVERASSI André.   *Hôtel de France.*
M. BRONWER.   *Pension Anglaise.*
M. DE MARCKUS et famille.   *Pension Anglaise.*
M. MIGNO.   *Grand hôtel d'Angleterre.*
M. le baron RAPP et famille.   *Hôtel Paradis.*
M. BOYEFF Nicolas.   *Maison Massa.*
M. HOLMBERG.   *Villa Palmaro.*
M. SLAVEZ OEncedruce et famille.   *Hôtel de Turin.*
M. NELIDOFF et famille, chambellan de
    l'Empereur de Russie.   *Hôtel du Midi.*
M. PAGENKOFF et famille.   *Hôtel Victoria.*
M. BACKMANN.   *Maison Massa.*

SUÉDOIS.

Mme Nesselius Sophie et famille.	*Pension Danoise.*
Mlle Tellin.	*Pension Danoise.*

SUISSES.

M. De Conlon, famille et suite.	*Villa Massa.*
Mlle Baumann.	*Pension Camous.*
M. Minder Zaeslin et famille.	*Pension Anglaise.*
Mlle Mittendorff.	*Pension Anglaise.*
M. Courvoisier et famille.	*Pension Anglaise.*
Mlle Hostache.	*Villa Helvetia.*
M. Buxtorf.	*Pension Anglaise.*
M. De Steiger et famille.	*Iles Britanniques.*
M. Monnard et famille.	*Maison Sigaud.*
Mme Monnard.	*Maison Sigaud.*
M. Mayor Auguste et famille.	*Villa Maraldi.*

VALAQUES.

M. Zisso et famille.	*Maison Gismondi.*

NICE, TYP. CANIS, IMPRIMEUR DE LA PRÉFECTURE. — 1863.

43